AF357265

NOTES
SUR LES TROUBLES
DE SAINT-DOMINGUE,

Présentées à la Convention Nationale, par le citoyen LARCHEVESQUE-THIBAUD, ancien Procureur de la Commune du Cap François.

I.

LE 15 Mai 1791, l'Assemblée Nationale constituante, après avoir annoncé, le 12 Octobre précédent, sa *ferme volonté d'établir comme article constitutionnel, dans l'organisation des Colonies, qu'aucunes loix* SUR L'ÉTAT DES PERSONNES *ne seroit décrétées que sur la demande précise et formelle des assemblées coloniales*, rend d'elle-même un décret qui accorde l'égalité politique aux hommes de couleur *nés de pere et mere libres* seulement.

1°. C'étoit ne rien faire;

2°. C'étoit jeter une pomme de discorde parmi les hommes de couleur eux-mêmes;

3°. Ce décret n'a jamais été envoyé officiellement à Saint-Domingue.

A

De-là il est résulté :

1°. Que les hommes de couleur, franchissant les bornes de ce décret, n'en ont plus mis dans leurs prétentions ;

2°. Que les blancs, forts de ce décret, se sont opposés aux prétentions des hommes de couleur, se soumettant d'avance au décret du moment qu'il seroit officiellement connu, promettant même d'améliorer le sort des hommes de couleur qui n'étoient pas nés de pere et mere libres ;

3°. Que les hommes de couleur, impatiens de jouir, ont pris les armes.

Tout fût resté tranquille, malgré l'insuffisance du décret, s'il eût été envoyé tout de suite à Saint-Domingue.

I I.

Survint l'évasion de Louis Capet. Deux mois après, les negres s'insurgent. L'évasion de Louis Capet est du 21 Juin, l'insurrection du 23 Août. Comparez ces deux dates avec le tems nécessaire pour qu'une nouvelle parvienne à Saint-Domingue, et jugez l'événement.

Les negres s'insurgent au nom du roi, ils se disent les soldats du roi, leur cri de guerre est *vive le roi*, leur mot d'ordre est *gens du roi*, ils n'ont d'autre pavillon que le pavillon blanc ; point de municipalités , point d'assemblées de commune ni d'assemblées primaires , point d'administrations de district ni autres ; un moyen sûr d'être mis à mort, pour les blancs qui tombent entre leurs mains, est d'avoir figuré dans un corps populaire.

C'est donc là une guerre de contre-révolution.

Mais que font les hommes de couleur? Egarés par les contre-révolutionnaires, ils se joignent aux negres révoltés, pour écraser les blancs, et les forcer de reconnoître des droits qui n'étoient méconnus, que parce que la loi n'étoit pas encore promulguée, et parce qu'on vouloit plus qu'elle n'accordoit.

I I I.

Au fort de cette double guerre civile, le décret du 24 Septembre 1791 arrive dans la Colonie.

Ce décret portoit, au moins en apparence, tous les caracteres d'un acte constitutionnel. Il étoit rendu par l'Assemblée constituante , déclaré par elle constitutionnel, accepté par le ci-devant roi. La constitution françoise avoit déclaré que les Colonies étoient hors de cette même constitution ; la constitution des Colonies étoit encore à faire par conséquent, et par qui, si ce n'est par l'Assemblée constituante où siégeoient d'ailleurs des députés reconnus par elle pour les légitimes représentans de Saint-Domingue ?

En attendant que ce décret fût déclaré non-constitutionnel, étoit-ce à la Colonie à le critiquer ?

Cependant les hommes de couleur refusent de s'y soumettre, et continuent la guerre.

L'assemblée coloniale mise par ce décret à l'instar de l'Assemblée nationale législative, en ce qui touchoit le sort des hommes de couleur et negres libres, ainsi que des personnes non libres, ne croit pas pouvoir, sans foiblesse, sans bassesse, traiter avec des rébelles, d'une part, et les ennemis de la loi, de l'autre.

I V.

Enfin, le décret du 28 Mars 1792, plus connu sous le nom de *loi du 4 Avril*, rendu par l'Assemblée nationale législative, annulle le décret du 24 Septembre 1791, plus connu aussi sous le nom de *loi du 28 Septembre*, rendu et déclaré constitutionnel par l'Assemblée constituante.

(5)

Avant même que cette loi du 4 Avril soit
officiellement connue dans la Colonie, et sur
la simple connoissance qui en est donnée à
l'Assemblée coloniale par ses commissaires
auprès de l'Assemblée nationale, l'Assemblée
coloniale donne l'exemple de la soumission,
et cet exemple est suivi de toute la Colonie.

Mais qu'arrive-t-il ?

V.

Les contre-révolutionnaires qui se flattoient
de mettre dans leur parti les citoyens de couleur, se voyant déjoués, cherchent alors à
semer d'éternelles méfiances entre les citoyens
de couleur et les blancs. Ils disent aux citoyens de couleur de se tenir sur leurs gardes,
que les blancs n'attendent que le moment de
les égorger ; ils disent aux blancs que les citoyens de couleur veulent se venger de leurs
anciennes injures, qu'ils finiront par massa-
crer la Mere-Caste.

Où regne la méfiance, il ne faut qu'une
étincelle pour produire un incendie. Le propre de la méfiance est de réaliser les soupçons
les plus absurdes ; elle prend les ombres pour
des corps.

V I.

Le remede à ce mal étoit l'exécution même, mais parfaite, de la loi du 4 Avril.

Les blancs la desiroient, et ils y avoient un double intérêt. Donc ils étoient sinceres.

Ils y étoient intéressés, 1°. parce que c'étoit le vrai moyen de terrasser pour jamais le parti contre-révolutionnaire ; 2°. parce que c'étoit aussi le vrai moyen, et même l'unique moyen, de doubler leurs forces pour réduire d'abord les negres révoltés, et pour les maintenir ensuite dans l'obéissance.

Remarquez que c'est principalement sous ce dernier point de vue que les hommes de couleur ont toujours cherché à se rendre favorable l'Assemblée nationale constituante.

Maintenant la loi du 4 Avril a-t-elle été pleinement exécutée ? Non. A qui en est la faute ? On va le voir.

V I I.

La lettre et l'esprit de la loi du 4 Avril veulent qu'il n'y ait dans les Colonies qu'une seule classe d'hommes libres, sans aucune distinction de couleur.

Par conséquent, du moment de la promulgation de cette loi, il ne pouvoit ni ne devoit exister, à Saint - Domingue, aucune trace d'aucune corporation uniquement composée d'hommes de l'une ou de l'autre couleur.

Il y avoit à Saint-Domingue une assemblée coloniale, des assemblées administratives, des municipalités, des gardes nationales ; le tout uniquement composé de blancs.

Il falloit donc, et au plus vîte, dissoudre tout cela, et mettre à la place de ces corporations des corporations organisées suivant la loi du 4 Avril.

L'a-t-on fait ? Non.

V I I I.

D'abord l'exécution de cette loi a été réservée aux commissaires qui devoient relever Mirbek, Roume et Saint - Léger. Ceux - ci, eussent-ils été tous les trois dans la Colonie, auroient donc été forcés de laisser les choses comme elles étoient.

La loi du 4 Avril a été reconnue par l'assemblée coloniale le 27 Mai. Les nouveaux commissaires Polverel, Ailhaux et Sonthonax, ne sont arrivés dans la Colonie que vers le 20 de Septembre. Voilà donc quatre mois de perdus pour l'exécution de cette loi.

Les nouveaux commissaires arrivent. On va voir comment ils se sónt conduits.

I X.

Autant de pas, autant d'infractions à la loi du 4 Avril.

1ere. Infraction. En dissolvant l'assemblée coloniale, ils lui substituent une corporation mi-partie de citoyens blancs et de citoyens de couleur. Voilà donc une ligne de démarcation tirée entre les deux castes.

Il ne falloit point cela. Non-seulement les commissaires ne pouvoient point mettre ainsi des blancs d'un côté, et des citoyens de couleur de l'autre, moins encore nommer euxmêmes les citoyens de couleur, comme ils l'ont fait; mais ils ne pouvoient même dissoudre l'assemblée coloniale lors existante que pour la remplacer aussi-tôt par une autre légalement élue.

2e. Infraction. L'excessive, l'incroyable lenteur de ces commissaires à faire nommer la nouvelle assemblée coloniale; elle ne l'étoit pas encore au mois de Mars dernier.

Pourquoi cette lenteur? Une simple commission de douze membres seulement, non élus par le peuple, pouvoit-elle jamais équivaloir une assemblée composée de plus de cent cinquante membres, et dont chaque membre seroit élu par les citoyens de l'une et de l'autre castes? L'influence d'une telle assemblée n'étoit-elle pas mille fois plus puissante pour rapprocher et unir à jamais ces deux castes, pour pacifier tous leurs différends, pour prévenir tout sujet de troubles entr'elles, qu'une corporation qui ne représente rien, ou qui ne représente tout au plus que par fractions isolées, savoir, les blancs, la caste des blancs exclusivement, et les citoyens de couleur la caste des hommes de couleur aussi exclusivement ?

Il est vrai qu'une telle assemblée n'auroit pas été dans la main des commissaires comme un vil instrument de leurs caprices. -

3e. Infraction. Point de députés nommés à la Convention nationale; et cependant la Colonie doit en avoir, pour qu'on ne puisse pas dire qu'elle obéit à des loix auxquelles elle n'a point coopéré; et cette députation seroit un nouveau lien qui uniroit entr'elles les deux castes, non-seulement parce que toutes les deux concourroient à nommer chaque député, mais encore parce que les efforts communs de ces députés empêcheroient bien des menées qui, dans l'état actuel des choses, trompent et la Convention nationale et la Colonie elle-même.

4e. Infraction : c'est l'énorme faute que les commissaires ont faite de n'avoir pas, dès-l'instant, pour ainsi dire, de leur arrivée, incorporé les citoyens de couleur dans la garde nationale.

Pour ne parler que du Cap où les commissaires ont débarqué, les citoyens de couleur, lors de l'organisation de la garde nationale, étoient restés tels qu'ils étoient, jusqu'à ce que l'assemblée coloniale eût statué sur leur sort. (Cette organisation étoit antérieure à la loi du 4 Avril, et alors les citoyens de couleur étoient sous l'empire de la loi du 28 Septembre).

Puisqu'il ne devoit plus y avoir qu'une seule classe d'hommes libres, celle des citoyens de couleur devoit donc être fondue dans celle des blancs (1).

Les commissaires devoient donc s'empresser de dissoudre les deux bataillons de negres libres et d'hommes de couleur libres qui existoient, et obliger ceux qui composoient ces

______

(1) Ce n'est que par ce procédé qu'on a maintenu la tranquillité à Sainte-Lucie, à Tabago et à Marie-Galante, que les isles révoltées de la Martinique et de la Guadeloupe vouloient soulever.

deux bataillons de s'incorporer chacun dans l'une des compagnies de sa section.

Ils en étoient vivement sollicités, et la chose leur étoit facile : ces deux bataillons, en effet, n'avoient que des sergens et des caporaux depuis que, sur la démission des officiers, qui tous étoient des blancs, le commissaire Roume eut ordonné que les choses restassent dans cet état jusqu'à l'arrivée des nouveaux commissaires. Roume pensoit que ces nouveaux commissaires se hâteroient de faire ce qu'il regrettoit de ne pouvoit point opérer lui-même.

5ᵉ. Infraction : autre faute bien plus énorme encore commise par le commissaire Sonthonax ; c'est d'avoir créé au Cap un bataillon de garde nationale en regle, sous le titre de *sixieme bataillon*, ayant, comme les autres bataillons de la garde nationale du Cap, son commandant, son adjudant, ses capitaines, ses lieutenans, etc., et uniquement composé de citoyens de couleur : de maniere qu'il existe au Cap, dans la garde nationale même, c'est-à-dire, dans celui de nos établissemens qui exige peut-être le plus d'unité, deux sortes de corporations bien distinctes et bien séparées ; de sorte encore, que le commissaire Sonthonax a affecté de consacrer précisément

la différence dont l'Assemblée nationale a le
plus à cœur de voir disparoître les effets,
celle qui est la source d'un préjugé qu'on a eu
tant de peine à déraciner, celle qui a formé
longtems un si grand contraste entre les lumieres et les mœurs des habitans de nos Colonies, la différence de couleur entre les hommes.

J'observe que plusieurs citoyens de couleur s'étoient déjà fait incorporer d'eux-mêmes dans leurs sections, et que, depuis la for-
mation du sixième bataillon, il a fallu em-
ployer la force pour les contraindre d'y entrer.
Je le dis, parce qu'étant procureur de la
commune, j'ai été témoin des plaintes qu'ils
sont venus porter à ce sujet à la municipalité,
qui a été obligée de condescendre aux desirs
des chefs de ce bataillon.

Et il ne faut pas être surpris de voir les
citoyens de couleur préférer d'être mêlés et
confondus avec les blancs, plutôt que d'exister
en corps distinct et séparé : c'est leur vœu
naturel, lorsqu'il n'est point contrarié par un
intérêt d'orgueil et de vanité. Ce ne sont pas
les simples fusiliers qui ambitionnent de faire
corps à part, ce sont ceux qui aspirent aux
grades, aux épaulettes ; ceux qui craindroient
de n'être pas nommés officiers, s'ils se fai-
soient incorporer dans leur section, et qui,

par leurs alentours, par l'ancienneté de leur famille ou par leurs richesses, sont moralement sûrs de l'être dans un bataillon uniquement composé d'hommes de leur couleur.

6ᵉ. Infraction : la création que s'est permise encore le même commissaire Sonthonax de compagnies franches formées exclusivement de citoyens de couleur.

Quand cet homme auroit pris à tâche de mettre sans cesse les citoyens de couleur en opposition avec les blancs, il n'auroit pas pu prendre une autre marche.

Législateurs, vous avez maintenant la clef des troubles de Saint-Domingue, et de leur continuation en ce qui regarde les citoyens de couleur.

Si cette Colonie étoit seulement au pied des Pyrénées ou même au pied des Alpes, on n'oseroit peut-être pas vous en faire accroire avec autant d'effronterie que se le permettent les tyrans qui désolent cette malheureuse contrée : mais nous sommes à deux mille lieues de vous, dans un autre monde enfin, et voilà ce qui fera éternellement notre désespoir.

Ceux qui vous instruisent de ce qui s'y

passe, sont précisément ceux qui ont intérêt à vous tromper : les autres n'osent pas souffler, tant est grande l'oppression sous laquelle on les tient ; car les triumvirats et les dictatures produisent cet effet par-tout et dans tous les tems ; de quelque maniere qu'on les tourne et retourne, ce n'est jamais que le despotisme au sein de la liberté.

Vous êtes trompés, trahis par ceux mêmes qui vous environnent, comment voulez-vous ne point l'être par des hommes qui vous écrivent d'un pays, non-seulement aussi éloigné que nos isles, mais encore que vous ne connoissez point, et sur lequel par conséquent il est si facile de vous en imposer?

Et quels sont-ils ces hommes? Qui est-ce qui les a choisis?

Je termine.

Quel est le remede aux maux que je viens de décrire? la loi du 4 Avril.

Nous la voulons, cette loi, et il y a long-tems que nous la voulons; nous vous prions, nous vous pressons, nous vous conjurons, peres conscripts, d'en ordonner la pleine et entiere exécution. Si, dès qu'elle a été connue à Saint-Domingue, elle eût été exécutée dans toute son étendue, le pays seroit aujourd'hui tranquille.

Méfiez-vous de toutes ces plates et absurdes suppositions *d'aristocratie de la peau*, *d'indépendance*, etc. Ceux qui vous écrivent de pareilles inepties, connoissent bien le pouvoir de certains mots, et la propriété qu'ils ont d'être comme le tocsin de la prévention. Vrais charlatans, ils ne cherchent qu'à jeter de la poudre aux yeux. Assurez-vous, peres de la patrie, que le préjugé de la couleur est détruit à Saint-Domingue; il n'est rien tel que l'école du malheur pour guérir des préjugés. On a bien autre chose à faire vraiment dans une colonie dévastée par le fer et par le feu, que de s'occuper d'un sot préjugé, auquel on ne tenoit que parce qu'on le croyoit nécessaire au maintien des atteliers !

Savez-vous ce que veulent les forgeurs de cette *aristocratie de la peau?* livrer le pays aux citoyens de couleur, ou leur donner du moins la prépondérance, la prédominance. Il y a long-tems qu'on couve ce projet insensé autant qu'injuste; ce n'est pas en vain qu'on n'a cessé de répéter ce mensonge historique, qu'ils sont les *indigenes* du pays. Les blancs, eux, ne veulent point de supériorité ; ils s'en tiennent à l'égalité : ils demandent que tous les hommes libres ne forment qu'une seule classe, une même famille, un peuple de freres en un mot.

Rappelez ces ouvriers de malheur qu'un choix plus que suspect, puisqu'il est antérieur au 10 Août, a poussés dans notre isle ; envoyez-y des hommes de poids, et dont la réputation soit faite en patriotisme, en lumieres, en sagesse, etc., avec le seul pouvoir d'être justes, et alors vous verrez bientôt renaître le calme et la tranquillité.

Assurez-vous aussi que dans un pays qui n'a par lui-même ni troupes, ni vaisseaux, ni subsistances, ni munitions de guerre, ni argent, et qui ne peut pas se suffire à lui-même pour soumettre quelques misérables hordes de demi-sauvages sans courage et sans tactique, il n'y a qu'un fou qui puisse viser à l'indépendance, et sa folie ne fera jamais fortune dans un pays dont les habitans sont tous françois de naissance ou d'origine, tous attachés à la France par mille liens de parenté, d'amitié, d'intérêt, de langage, de mœurs, de goûts, etc.

Cette ridicule imputation étoit le grand mot des Mauduit, des Pompons-blancs, etc., tous gens bien reconnus aujourd'hui pour être la tige des contre-révolutionnaires de Saint-Domingue. C'est par le prestige de ce mot, aidé de leur hypocrisie, qu'ils sont parvenus à si bien calomnier cette pauvre assemblée de

Saint-

Saint-Marc, que la cicatrice en reste encore et est prête à se r'ouvrir.

Mais en quoi cette assemblée de Saint-Marc avoit-elle donc pu donner prise à une calomnie aussi bête pour quiconque est susceptible de la moindre réflexion ? en ce qu'elle avoit cru que le seul moyen de concilier la constitution qui convient aux Colonies avec celle qui convient à la France , étoit d'attribuer aux assemblées coloniales le pouvoir législatif en ce qui concerne le régime intérieur.

Il est vrai que telle a été son opinion ; mais, cette opinion, elle l'a eue de bonne foi, et de si bonne foi, qu'elle est venue se jeter dans le sein de l'Assemblée constituante avec tout l'abandon de la confiance.

Qu'a fait à son égard l'Assemblée constituante ? Lisez le décret du 7 Juillet 1791, infâmes calomniateurs, et ne soyez plus les échos d'une méchanceté grossiere, qui n'est propre qu'à déceler votre envie de nuire, jointe à la stérilité de vos moyens pour le faire. Le voici.

« L'Assemblée nationale, après avoir en-
« tendu le rapport qui lui a été fait au nom
« de ses comités des colonies, de marine, de

« constitution, d'agriculture et de commerce;
« prenant en considération les explications
« et rétractations des membres de la ci-de-
« vant assemblée générale de Saint-Domin-
« gue, contenues dans leurs adresses des 19
« Avril et 22 Mai derniers :

« Déclare qu'il n'y a lieu à inculpation
« contre les membres de la ci-devant assem-
« blée générale de Saint-Domingue, etc ».

Législateurs, je viens de vous parler avec franchise, elle me fera peut-être de nouveaux ennemis; n'importe : le premier devoir d'un républicain est d'être vrai; la fausseté est pour les cours.

P. S. Une preuve de l'impudeur avec laquelle on se permet de dénaturer les faits que l'on transmet à la Métropole touchant les Colonies, résulte de ce qu'on va lire.

Voici ce que porte le n°. 494 de la gazette françoise, article *Colonies.*

« De Saint-Marc, isle Saint-Domingue, le
« 10 Mars ».

Nota. Sonthonax étoit arrivé à Saint-Marc le 8. La nouvelle qu'on va lire vient sûrement de lui. J'oserois presque affirmer de quel bureau elle a été envoyée au rédacteur de la gazette françoise.

« Les crimes du Port-au-Prince se renou-

» vellent : une coalition s'est formée entre les
» chefs du parti royaliste, et ceux de l'an-
« cienne faction des 85 „ autrement l'assem-
» blée de Saint-Marc : le prix de cet affreux
» traité étoit l'assassinat des citoyens de cou-
» leur; trente habitations, appartenantes à ces
» malheureux, ont été incendiées par des
» esclaves à qui les blancs avoient mis la
» torche à la main. Ceux-ci ont été cruelle-
» ment punis; car les incendiaires ne se sont
» pas arrêtés à la volonté de ceux qui leur
» donnoient l'impulsion, ils ont continué leurs
» dévastations, et la riche plaine du Cul-de-
» Sac n'est plus qu'un monceau de cendres ».
Voici ce qu'on m'écrit du Cap :

« Le 2 Février, le Briq l'*Actif* vient de
» mouiller cet après-midi, venant du Port-
» au-Prince; il a donné pour nouvelle que
» Borel étoit sorti du Port-au-Prince avec une
» armée pour se réunir à Hanus de Jumé-
» court; qu'ils ont incendié un grand nom-
« bre d'habitations de mulâtres, et marchent
» contr'eux pour les détruire entierement; que
» le capitaine de l'*Actif* a été obligé de cou-
» per son cable pour éviter d'être sacrifié par
» ces gens du Port-au-Prince.

» Vous jugez combien cette nouvelle a fait
» d'impression. Les contre-révolutionnaires

» se sont déchaînés contre Borel, ainsi que le
» commissaire Sonthonax et toute sa suite.
» Nous sommes demeurés atterrés à une nou-
» velle aussi affligeante, et même incroyable.

» Le 3 Février. Le commissaire civil Son-
» thonax a appelé auprès de lui l'ordonnateur
» Pouget et le commandant Laveaux, pour
» concerter avec eux les moyens à prendre
» pour aller de suite au Port-au-Prince avec
» des forces contre cette ville rebelle, et s'em-
» parer du scélérat Borel; mais; après des
» débats, le commandant Laveaux, qui
» peut-être n'étoit pas dans la confidence de
» cette fausse nouvelle, représenta qu'ayant
» commencé la campagne du Nord, il ne
» pouvoit la quitter. Cependant l'*Eole* a eu
» ordre de se tenir prêt à faire voile.

» Cet après-midi, il est entré un bateau
» venant du Port-au-Prince, parti le lende-
» main du Bricq l'*Actif*, qui a démenti
» hautement la nouvelle qu'il avoit débitée ;
» que le Port-au-Prince étoit tranquille à son
» départ ; qu'il y avoit eu une affaire parti-
» culiere qui avoit inquiété les hommes de
» couleur, occasionnée par ce fait. *Les ne-*
» gres de la montagne des Grands Bois,
» avec qui on a traité du tems de M. de
» Bellecombe, et qui sont comme libres,

» ayant envoyé des negres marons , avoient
« été rencontrés par la gendarmerie de
» l'Arcahaye , composée d'hommes de cou-
» leur, qui s'étoient emparés des negres
» marons : que les conducteurs avoient re-
» tourné vers leur chef, qui de suite avoient
» envoyé au Port-au-Prince pour se plain-
» dre de cette conduite à leur égard : que
» la municipalité informée que les mulâ-
» tres s'étoient fait payer la prise des ne-
» gres marons dont ils s'étoient injuste-
» ment emparés, a payé une seconde fois
» la prise desdits negres marons à la dépu-
» tation des Grands Bois, qui, de retour
» chez eux et ayant rendu compte de ce
» qui s'étoit passé, ils avoient décidé à
» l'instant de venger les blancs des hommes
» de couleur ; qu'ils étoient sortis en nom-
» bre et avoient incendié plusieurs habita-
» tions de mulâtres et tué plusieurs. Cette
» nouvelle contrarie un peu les projets du
» commissaire Sonthonax, que l'on croit avoir
» été médités avec les auteurs des mauvaises
» nouvelles.

» Le 4 Février. Il est entré ce matin un se-
» cond bateau du Port-au-Prince, du 30 Jan-
» vier, dont je vous joins la déclaration sous

« le n°. 16, (1) qui détruit entierement le
« mensonge infernal du Briq l'Actif. Vingt
» lettres particulieres se trouvent conformes
» à la déclaration , et confirment *que l'har-*
» *monie est parfaite entre les blancs et les*
» *hommes de couleur; qu'il ne s'agit pas*
» *de s'opposer à l'exécution de la loi du 4*
» *Avril, mais d'arrêter les vues des con-*
» *tre - révolutionnaires agités par Hanus*
» *de Jumécourt* ».

« Malgré les nouvelles qui détruisent celles
« qui n'avoient pour but que de causer de
« nouvelles divisions dans la partie du nord,
« et d'arrêter les succès de la campagne con-
« tre les brigands; (2) on a cherché à alar-
« mer les mulâtres , en leur disant que les

---

(1) Cette déclaration et un grand nombre d'autres pieces
étoient contenues dans deux paquets qu'on m'envoyoit sous
le couvert des citoyens Petit et Page , par le navire *le
Sage* , de Bordeaux. Ils ont été interceptés.

(2) Par une lettre que j'ai reçue du Cap, en date du
17 Mars , on m'écrit :

« Nous sommes toujours dans la même situation qu'à
» l'époque de votre départ. L'on a fait une sortie le len-
» demain. L'on a fait des merveilles. *Au moment du coup*
» *décisif, l'on a fait rentrer l'armée.* Je crois que nous
» ne sommes point à la fin de nos maux ».

Au moment du coup décisif, l'on fait rentrer l'armée!
Qu'est-ce que cela veut dire ?

« Blancs vouloient les égorger ; ce qui fit
« prendre le parti à plusieurs, la nuit der-
« niere, de se rendre au fort Belair (poste
« hors de la ville , *la municipalité a pris un*
« *arrété par lequel elle renvoie à la dili-*
« *gence du procureur de la commune, dé*
« *poursuivre les auteurs de ces troubles* ».

Ainsi donc, ce qui est l'ouvrage des negres
de la Montagne des grands Bois, on l'attribue
aux Blancs ; et lorsque le tort est du côté des
citoyens de couleur, c'est aux Blancs qu'on le
donne.

Législateurs, je vous le dis, et je ne cesserai
de vous le répéter : vous êtes indignement
trompés. Le but des commissaires Southonax
et Polverel est de si bien calomnier les Blancs,
qu'on ne s'étonne plus d'une grande catastro-
phe qui opere leur destruction ou leur expul-
sion.

C'est-là qu'on en veut venir , comme aussi
à vous persuader peu-à-peu qu'il est impossi-
ble de réduire les negres révoltés, et qu'il faut
finir par consentir à tout avec eux.

Observez cependant qu'ils ne combattent
point pour la liberté, mais pour le roi. Apert
le procès de Blanchelande.

Législateurs, si ce double projet s'effectue ,

adieu les colonies ; et cependant l'événement qui a réduit il y a quelques mois dans Paris le prix du sucre et du café, vous apprend si l'on regarde en France les colonies comme tout-à-fait inutiles.

A Paris, ce 14 *Mai* 1793.

Signé, LARCHEVESQUE-THIBAUD.

De l'Imprimerie de TESTU, Imprimeur-Libraire, rue Hautefeuille, n°. 14.